Una Carta De Navidad Desde La Luna: Cuentos Bilingües Inglés-Español

My Pommeline

Published by My Pommeline, 2024.

While every precaution has been taken in the preparation of this book, the publisher assumes no responsibility for errors or omissions, or for damages resulting from the use of the information contained herein.

UNA CARTA DE NAVIDAD DESDE LA LUNA: CUENTOS BILINGÜES INGLÉS-ESPAÑOL

First edition. October 28, 2024.

ISBN: 979-8224705665

Written by My Pommeline.

Table of Contents

A Christmas Letter from the Moon

It was the night before Christmas, and the air was filled with the crisp scent of pine and the quiet hum of excitement. Snow gently fluttered down, blanketing the world in a soft white glow. Inside a cozy little house at the end of a quiet street, Evie sat curled up on the window seat, her breath fogging the cold glass as she stared up at the moon. It was larger than usual tonight, casting a soft light over the snowy landscape, and there was something about it that seemed extra magical.

Evie sighed, her heart heavy with longing. Christmas was always her favorite time of year, but this Christmas felt different. Her father was away working overseas, and though her mother tried her best to fill the house with cheer, it wasn't the same without him. She wished with all her heart that they could be together.

Suddenly, a knock echoed through the quiet house. Evie's heart leapt in surprise. Who could it be so late on Christmas Eve? She hopped down from the window and rushed to the door, her curiosity piqued. As she opened it, a gust of cold wind swirled into the room, but there was no one there—only a small, shimmering envelope lying on the doorstep.

Evie bent down, picking up the letter carefully. It was addressed to her, in beautiful flowing script: To Evie, from the Moon. Her eyes widened in disbelief.

She hurried back inside, closing the door behind her, and rushed to the warm glow of the fireplace. Her hands trembled as she opened the envelope, revealing a letter written on what looked like silver parchment. It shimmered like stardust as she held it close to read.

Dear Evie,

I have been watching you from my home up here on the moon, and I know that this Christmas feels different for you. But I want to tell you something magical, something that few people on Earth ever get to know.

Christmas isn't just about what happens down there. The magic of Christmas is so much bigger—so much brighter—it stretches far beyond the stars, even beyond me. You see, the moon glows not just because of the sun, but because of all the wishes and dreams that people like you carry in their hearts. And tonight, your wish for your family is shining brighter than ever.

Would you like to see the magic of Christmas from my point of view?

Close your eyes, Evie, and hold the letter close to your heart. I'll take you on a journey you'll never forget.

With love,

The Moon

Evie blinked in amazement. The Moon? Was this a dream? Her hands were trembling as she closed her eyes, just as the letter instructed. She held the silver parchment tightly against her chest, and for a moment, there was only silence.

But then, a strange warmth filled the room. It started at her fingertips, spreading through her arms and into her chest. She felt lighter, as though she was floating. She opened her eyes, and to her astonishment, she was no longer in her living room.

She was flying.

Above her, the stars sparkled like diamonds in a velvet sky, and below, the Earth grew smaller and smaller. The moon grew closer, its silvery light enveloping her like a soft blanket. Evie let out a gasp of wonder as she soared higher and higher, past twinkling constellations, through swirls of cosmic dust.

Soon, she found herself gently landing on the surface of the moon. It was soft under her feet, like walking on powdered sugar. The entire landscape shimmered as though made from millions of tiny stars. And standing before her was a figure—tall and gentle, glowing with a soft light.

"Welcome, Evie," the figure said in a voice that was as soothing as the night breeze. "I am the Moon, and I've brought you here to show you something special."

Evie's eyes widened as the Moon gestured around them. In the distance, she could see Earth, glowing like a beautiful ornament in the sky. But it wasn't Earth that the Moon wanted her to see—it was the stars beyond.

"Do you see how the stars twinkle?" the Moon asked softly. "Each one carries a bit of Christmas magic, just like the wishes in your heart."

Evie nodded, speechless with wonder.

"But Christmas magic isn't just for Earth. It flows through the universe, touching every star, every planet. Even here, on the Moon, we celebrate the joy and love that Christmas brings."

The Moon reached out a hand, and as Evie took it, she felt a warmth spread through her. The stars above seemed to hum with life, and for the first time, she felt a sense of peace, knowing that Christmas wasn't just about presents or being together—it was about love, wonder, and the magic that connects everything.

"Now," the Moon said gently, "it's time for you to return. But remember this, Evie: Christmas magic is everywhere, even when you feel alone."

Evie blinked and found herself back in her cozy living room, sitting by the fire. The silver letter still rested in her lap, but the strange, dreamlike journey lingered in her heart.

She looked out the window at the glowing moon, feeling as if something inside her had changed. The sadness she had felt before was gone, replaced by a warmth and wonder she had never known. She knew, deep down, that the magic of Christmas stretched far beyond Earth—reaching all the way to the stars and beyond.

As Evie drifted off to sleep that night, she clutched the silver letter close, a smile on her lips. And as the moon cast its gentle light over the sleeping world, she knew that somewhere, up in the sky, the Moon was watching over her, keeping her Christmas wish alive.

And so, this Christmas, remember the magic that shines in every star, in every wish. It is not bound by distance or time, but stretches across the universe, connecting us all.

Merry Christmas, from the Moon.

Una Carta de Navidad desde la Luna

Era la noche antes de Navidad, y el aire estaba lleno del fresco aroma a pino y el suave murmullo de la emoción. La nieve caía suavemente, cubriendo el mundo con un suave resplandor blanco. Dentro de una acogedora casita al final de una calle tranquila, Evie estaba acurrucada en el asiento de la ventana, su aliento empañando el frío cristal mientras miraba hacia la luna. Esa noche, era más grande de lo habitual, proyectando una luz suave sobre el paisaje nevado, y había algo en ella que parecía especialmente mágico.

Evie suspiró, su corazón pesado de anhelo. La Navidad siempre había sido su época favorita del año, pero esta Navidad se sentía diferente. Su padre estaba trabajando en el extranjero, y aunque su madre intentaba llenar la casa de alegría, no era lo mismo sin él. Deseaba con todas sus fuerzas que pudieran estar juntos.

De repente, un golpe resonó en la casa silenciosa. El corazón de Evie dio un salto de sorpresa. ¿Quién podría ser tan tarde en Nochebuena? Saltó del sillón y corrió hacia la puerta, su curiosidad despertada. Al abrirla, una ráfaga de viento frío entró en la habitación, pero no había nadie allí—solo un pequeño y brillante sobre reposando en la entrada.

Evie se agachó, levantando la carta con cuidado. Estaba dirigida a ella, en una hermosa caligrafía fluida: Para Evie, de la Luna. Sus ojos se abrieron de par en par, incrédula.

Corrió de vuelta adentro, cerrando la puerta detrás de ella, y se apresuró hacia el cálido resplandor de la chimenea. Sus manos temblaban mientras abría el sobre, revelando una carta escrita en lo que parecía ser pergamino plateado. Brillaba como polvo de estrellas mientras lo sostenía cerca para leer.

Querida Evie,

Te he estado observando desde mi hogar aquí en la luna, y sé que esta Navidad se siente diferente para ti. Pero quiero contarte algo mágico, algo que pocas personas en la Tierra llegan a conocer.

La Navidad no se trata solo de lo que sucede allá abajo. La magia de la Navidad es mucho más grande—mucho más brillante—se extiende más allá de las estrellas, incluso más allá de mí. Verás, la luna brilla no solo por el sol, sino por todos los deseos y sueños que personas como tú llevan en sus corazones. Y esta noche, tu deseo por tu familia brilla más que nunca.

¿Te gustaría ver la magia de la Navidad desde mi perspectiva?

Cierra los ojos, Evie, y sostén la carta cerca de tu corazón. Te llevaré en un viaje que nunca olvidarás.

Con amor,

La Luna

Evie parpadeó asombrada. ¿La Luna? ¿Era esto un sueño? Sus manos temblaban mientras cerraba los ojos, justo como la carta le había indicado. Sostuvo el pergamino plateado con fuerza contra su pecho, y por un momento, solo hubo silencio.

Pero luego, una extraña calidez llenó la habitación. Comenzó en sus dedos, extendiéndose por sus brazos y hacia su pecho. Se sintió más ligera, como si estuviera flotando. Abrió los ojos, y para su asombro, ya no estaba en su sala de estar.

Estaba volando.

Sobre ella, las estrellas brillaban como diamantes en un cielo de terciopelo, y abajo, la Tierra se hacía cada vez más pequeña. La luna se acercaba, su luz plateada envolviéndola como una suave manta. Evie soltó un suspiro de maravilla mientras ascendía más y más, más allá de constelaciones centelleantes, a través de remolinos de polvo cósmico.

Pronto, se encontró aterrizando suavemente en la superficie de la luna. Era suave bajo sus pies, como caminar sobre azúcar en polvo. Todo el paisaje brillaba como si estuviera hecho de millones de pequeñas estrellas. Y de pie ante ella había una figura—alta y amable, brillando con una luz suave.

"Bienvenida, Evie," dijo la figura con una voz tan reconfortante como la brisa nocturna. "Soy la Luna, y te he traído aquí para mostrarte algo especial."

Los ojos de Evie se abrieron mientras la Luna gesticulaba a su alrededor. A lo lejos, podía ver la Tierra, brillando como un hermoso adorno en el cielo. Pero no era la Tierra lo que la Luna quería que viera—era las estrellas más allá.

"¿Ves cómo titilan las estrellas?" preguntó la Luna suavemente. "Cada una lleva un poco de magia navideña, justo como los deseos en tu corazón."

Evie asintió, sin palabras de asombro.

"Pero la magia de la Navidad no es solo para la Tierra. Fluye a través del universo, tocando cada estrella, cada planeta. Incluso aquí, en la Luna, celebramos la alegría y el amor que la Navidad trae."

La Luna extendió una mano, y al tomarla, Evie sintió una calidez expandirse por ella. Las estrellas arriba parecían vibrar con vida, y por primera vez, sintió un sentido de paz, sabiendo que la Navidad no se trataba solo de regalos o estar juntos—se trataba de amor, maravilla y la magia que conecta todo.

"Ahora," dijo la Luna suavemente, "es hora de que regreses. Pero recuerda esto, Evie: la magia de la Navidad está en todas partes, incluso cuando te sientes sola."

Evie parpadeó y se encontró de vuelta en su acogedora sala, sentada junto al fuego. La carta plateada aún reposaba en su regazo, pero el extraño viaje onírico permanecía en su corazón.

Miró por la ventana hacia la luna resplandeciente, sintiendo como si algo dentro de ella hubiera cambiado. La tristeza que había sentido antes se había desvanecido, reemplazada por una calidez y maravilla que nunca había conocido. Sabía, en lo profundo de su ser, que la magia de la Navidad se extendía mucho más allá de la Tierra—llegando hasta las estrellas y más allá.

Mientras Evie se dormía esa noche, abrazó la carta plateada cerca, con una sonrisa en los labios. Y mientras la luna proyectaba su suave luz sobre el mundo dormido, supo que en algún lugar, en el cielo, la Luna la estaba vigilando, manteniendo vivo su deseo navideño.

Y así, esta Navidad, recuerda la magia que brilla en cada estrella, en cada deseo. No está limitada por la distancia o el tiempo, sino que se extiende a través del universo, conectándonos a todos.

Feliz Navidad, de la Luna.

Granny's Christmas Rescue

C hristmas was just around the corner, and everywhere people were hanging up twinkling lights, decorating trees, and wrapping presents. Well, everyone except for one person: Granny. She was busy with something much more important—training pigeons to do the cha-cha in her living room.

You see, Granny had always been a little... unusual. While other grandmothers baked cookies or knitted sweaters, Granny was more likely to be found experimenting with jetpacks made from old vacuum cleaners or entering her cats into dance competitions. "Life's too short to be boring!" she always said, with a twinkle in her eye.

But even by Granny's standards, this Christmas was about to get really weird.

It all started on a cold December morning when Granny received a mysterious letter. The envelope was bright red and stamped with an official-looking seal. "Urgent: To Be Opened By Christmas Spirit Holders Only," it read.

Granny's curiosity got the better of her, and with a swift flick of her hand, she tore open the envelope. Inside was a letter that made her sit bolt upright in her armchair.

Dear Christmas Spirit Holder,

I regret to inform you that Christmas is in grave danger. The elves have gone on strike, and without them, Santa cannot prepare the toys in time for Christmas Eve. We urgently need someone with imagination and determination to save the day.

Yours hopefully,

Santa Claus (Chief Executive Officer of Christmas)

Granny blinked. The elves were on strike? Christmas was at risk of being canceled? This was outrageous! She couldn't let that happen, not on her watch.

With her usual flair for the dramatic, Granny leapt to her feet, nearly knocking over her pigeon training board. "Right!" she declared. "If the elves won't save Christmas, I will!"

Now, most people might have had second thoughts about taking on such a monumental task, but not Granny. No, Granny was full of bold ideas—and questionable judgment.

Granny knew she couldn't do this alone, so she grabbed her old-fashioned rotary phone (the one she'd converted into a smoothie maker when she got bored of it) and called up her friends.

First, there was Gladys, who had won the county's strongest grandparent competition six years in a row. Then came Bert, who could fix anything with a bit of duct tape and chewing gum. Finally, there was Ethel, who claimed to be an expert in "advanced cake-based architecture" (though no one knew quite what that meant).

One by one, they all arrived at Granny's house, bundled up in scarves, ready for the adventure of a lifetime.

"So, what's the plan, Glo?" asked Bert, scratching his head.

Granny grinned, her eyes sparkling with mischief. "We're going to the North Pole. And we're taking over the toy-making operation ourselves. The elves may have gone on strike, but we've got something they don't—grandparent power!"

Within hours, Granny had rigged up her famous "Slay All Day Sleigh," a contraption made from an old bathtub, some garden shears, and a few leftover rocket boosters from a failed attempt at pigeon space travel. Everyone piled in, and with a deafening whoosh, they were off, hurtling through the sky towards the North Pole.

The journey was full of mishaps, naturally. They nearly crashed into a cloud shaped like a giant sock, and Gladys accidentally dropped her knitting needles into a passing flock of geese, which then tried to chase the sleigh. But Granny, with her usual gusto, powered through.

Finally, they skidded to a halt right in front of Santa's workshop. The scene was dire. The toy factory was shut down, the conveyor belts were still, and outside the gates, a group of angry elves were holding up signs that read, "More Candy Canes, Less Work" and "Down with 12-Hour Shifts!"

"Oh dear," said Ethel, adjusting her earmuffs. "This looks serious."

Granny marched up to the striking elves. "Now listen here!" she said, planting her hands on her hips. "I understand your frustration, but the world needs Christmas! And when the world needs Christmas, it needs us grandparents. So, while you're on strike, we'll take over the toy-making!"

The elves looked at each other in disbelief. "You?" one of them snorted. "You're going to make toys? You're old!"

Granny wasn't having any of it. "Old? Old?! I'm experienced, my friend. And so are my team!" She pointed proudly at Gladys, who flexed her muscles, and Bert, who had already pulled out his toolbox and was fixing a broken nutcracker.

The elves, a little shocked, decided to let them have a go. After all, they didn't think a group of grandparents would last more than a few minutes in the chaotic world of toy-making.

But they hadn't reckoned with Granny and her team's sheer determination—and eccentricity.

Inside the workshop, the chaos began almost immediately.

Gladys, ever the strongwoman, tried to assemble a bicycle but accidentally bent the handlebars into a pretzel shape. "Oops," she said, laughing, "I'll call it the 'Twisty Trike!'"

Meanwhile, Bert had rigged up a device to speed up the toy assembly process. It involved a lot of duct tape, some coat hangers, and an old toaster. The conveyor belt started moving at breakneck speed, with toys flying off left and right. "Well, that's one way to do it," muttered one of the skeptical elves, ducking to avoid a rubber duck.

Ethel, on the other hand, was hard at work constructing what she called "the most magnificent gingerbread mansion the world has ever seen." It was taller than her and featured a fully functioning drawbridge made of candy canes. Whether it was supposed to be a toy or a snack was unclear.

As for Granny, she was in her element. She zoomed around the workshop on roller skates, throwing tinsel, wrapping presents with the speed of a race car driver, and shouting, "Ho, ho, ho!" at every opportunity.

The elves watched in awe as the grandparents worked with the kind of chaotic energy they had never seen before. It wasn't exactly organized—in fact, it was utter pandemonium—but somehow, against all odds, it was working.

By the end of the day, the workshop was transformed. Toys of all shapes and sizes were piled high, ready to be loaded into Santa's sleigh. The elves, impressed by the grandparents' sheer enthusiasm, had started joining in, inspired by their energy.

Granny, covered in glitter and bits of wrapping paper, beamed with pride as Santa himself entered the workshop, his eyes twinkling.

"Well, well, well," Santa chuckled. "It seems you've done the impossible, Granny. You've saved Christmas!"

Granny waved her hand dismissively. "Oh, it was nothing, dear. Just a bit of elbow grease, a dash of imagination, and, of course, the power of grandparents."

Santa laughed heartily, clapping his hands. "I'll have to keep that in mind for next year. Now, how about we all share a nice cup of hot chocolate before I head out to deliver these gifts?"

Granny winked. "Only if you let me add a little something special to it—my secret recipe."

And so, Christmas was saved, not by the usual helpers, but by a group of outrageous, eccentric, and utterly wonderful grandparents, led by the one and only Granny.

That year, Santa's sleigh was a little fuller, the presents were a little more creative, and Christmas was a little more chaotic—but it was also filled with laughter, love, and the kind of magic that only a grandmother like Granny could bring.

Merry Christmas!

El Rescate Navideño de la Abuela

La Navidad estaba a la vuelta de la esquina, y por todas partes la gente colgaba luces parpadeantes, decoraba árboles y envolvía regalos. Bueno, todos excepto una persona: la Abuela. Ella estaba ocupada con algo mucho más importante: entrenando palomas para hacer el cha-cha en su sala.

Verás, la Abuela siempre había sido un poco... inusual. Mientras otras abuelas horneaban galletas o tejían suéteres, era más probable encontrar a la Abuela experimentando con mochilas propulsoras hechas de viejas aspiradoras o inscribiendo a sus gatos en concursos de baile. "¡La vida es demasiado corta para ser aburrida!" siempre decía, con un brillo en los ojos.

Pero incluso para los estándares de la Abuela, esta Navidad estaba a punto de ponerse realmente rara.

Todo comenzó una fría mañana de diciembre, cuando la Abuela recibió una carta misteriosa. El sobre era rojo brillante y tenía un sello oficial. "Urgente: Solo para ser abierto por portadores del espíritu navideño," decía.

La curiosidad pudo más que la Abuela, y con un rápido movimiento de la mano, rompió el sobre. Dentro había una carta que la hizo sentarse derecha en su sillón.

Querido Portador del Espíritu Navideño,

Lamento informarle que la Navidad está en grave peligro. Los elfos se han declarado en huelga, y sin ellos, Santa no puede preparar los juguetes a tiempo para la Nochebuena. Urgentemente necesitamos a alguien con imaginación y determinación para salvar el día.

Con la esperanza de que puedas ayudar,

Santa Claus (Director Ejecutivo de la Navidad)

La Abuela parpadeó. ¿Los elfos estaban en huelga? ¿La Navidad corría el riesgo de ser cancelada? ¡Esto era indignante! No podía permitir que eso sucediera, no mientras ella estuviera allí.

Con su característico toque dramático, la Abuela saltó de su asiento, casi tirando su tablero de entrenamiento de palomas. "¡Muy bien!" declaró. "¡Si los elfos no van a salvar la Navidad, lo haré yo!"

Ahora, la mayoría de la gente habría tenido dudas sobre asumir una tarea tan monumental, pero no la Abuela. No, la Abuela estaba llena de ideas audaces... y de un juicio cuestionable.

La Abuela sabía que no podía hacer esto sola, así que agarró su teléfono de disco antiguo (el mismo que había convertido en una batidora de smoothies cuando se aburrió de él) y llamó a sus amigos.

Primero estaba Gladys, quien había ganado la competencia de abuelos más fuertes del condado seis años seguidos. Luego vino Bert, que podía arreglar cualquier cosa con un poco de cinta adhesiva y chicle. Finalmente, estaba Ethel, quien afirmaba ser experta en "arquitectura avanzada a base de pasteles" (aunque nadie sabía muy bien qué significaba eso).

Uno por uno, todos llegaron a la casa de la Abuela, envueltos en bufandas, listos para la aventura de sus vidas.

"Entonces, ¿cuál es el plan, Glo?" preguntó Bert, rascándose la cabeza.

La Abuela sonrió, con un brillo travieso en los ojos. "Nos vamos al Polo Norte. Y vamos a encargarnos nosotros mismos de la operación de fabricación de juguetes. Los elfos pueden estar en huelga, ¡pero nosotros tenemos algo que ellos no tienen: poder de abuelos!"

En pocas horas, la Abuela había armado su famoso "Trineo a Todo Dar," una invención hecha con una vieja bañera, unas tijeras de jardín y algunos propulsores sobrantes de un fallido intento de viaje espacial para palomas. Todos se subieron, y con un estruendoso zumbido, se lanzaron al cielo, volando hacia el Polo Norte.

El viaje estuvo lleno de contratiempos, naturalmente. Casi chocaron contra una nube en forma de calcetín gigante, y Gladys dejó caer accidentalmente sus agujas de tejer en una bandada de gansos que pasaba, quienes luego intentaron perseguir el trineo. Pero la Abuela, con su habitual entusiasmo, siguió adelante.

Finalmente, se deslizaron hasta detenerse justo frente al taller de Santa. La escena era preocupante. La fábrica de juguetes estaba cerrada, las cintas transportadoras estaban quietas, y afuera de las puertas, un grupo de elfos enojados sostenía carteles que decían:

"Más bastones de caramelo, menos trabajo" y "¡Abajo los turnos de 12 horas!"

"Vaya," dijo Ethel, ajustándose las orejeras. "Esto se ve serio."

La Abuela se acercó a los elfos en huelga. "¡Escuchen aquí!" dijo, colocando las manos en sus caderas. "Entiendo su frustración, ¡pero el mundo necesita la Navidad! Y cuando el mundo necesita la Navidad, ¡nos necesita a los abuelos! Así que, mientras estén en huelga, ¡nosotros nos encargaremos de hacer los juguetes!"

Los elfos se miraron entre sí, incrédulos. "¿Ustedes?" se burló uno de ellos. "¿Van a hacer juguetes? ¡Son viejos!"

La Abuela no iba a tolerar eso. "¿Vieja? ¿Vieja?! Soy experimentada, amigo. ¡Y mi equipo también!" Señaló con orgullo a Gladys, quien flexionó sus músculos, y a Bert, quien ya había sacado su caja de herramientas y estaba arreglando un cascanueces roto.

Los elfos, un poco sorprendidos, decidieron darles una oportunidad. Después de todo, no creían que un grupo de abuelos duraría más de unos minutos en el caótico mundo de la fabricación de juguetes.

Pero no habían contado con la pura determinación—y excentricidad—de la Abuela y su equipo.

Dentro del taller, el caos comenzó casi de inmediato.

Gladys, siempre la mujer fuerte, intentó armar una bicicleta, pero accidentalmente dobló el manillar en forma de pretzel. "Ups," dijo riendo, "¡Lo llamaré el 'Triciclo Torcido!'"

Mientras tanto, Bert había inventado un aparato para acelerar el proceso de ensamblaje de juguetes. Involucraba mucha cinta adhesiva, algunos colgadores de ropa y una tostadora vieja. La cinta transportadora empezó a moverse a toda velocidad, con juguetes volando a diestra y siniestra. "Bueno, esa es una forma de hacerlo," murmuró uno de los elfos escépticos, agachándose para evitar un patito de goma.

Ethel, por su parte, estaba ocupada construyendo lo que ella llamaba "la mansión de jengibre más magnífica que el mundo haya visto." Era más alta que ella y tenía un puente levadizo funcional hecho de bastones de caramelo. No estaba claro si era un juguete o un bocadillo.

En cuanto a la Abuela, ella estaba en su elemento. Se desplazaba por el taller en patines, lanzando oropel, envolviendo regalos a la velocidad de un piloto de carreras, y gritando "¡Ho, ho, ho!" a cada oportunidad.

Los elfos observaban asombrados cómo los abuelos trabajaban con una energía caótica que nunca habían visto antes. No era exactamente organizado—de hecho, era un caos total—pero de alguna manera, contra todo pronóstico, estaba funcionando.

Al final del día, el taller estaba transformado. Había juguetes de todas formas y tamaños amontonados, listos para ser cargados en el trineo de Santa. Los elfos, impresionados por el entusiasmo de los abuelos, habían empezado a unirse, inspirados por su energía.

La Abuela, cubierta de brillantina y pedazos de papel de regalo, sonreía orgullosa mientras Santa entraba al taller, con un brillo en sus ojos.

"Vaya, vaya, vaya," se rió Santa. "Parece que has hecho lo imposible, Abuela. ¡Has salvado la Navidad!"

La Abuela agitó la mano con desdén. "Oh, no fue nada, querido. Solo un poco de esfuerzo, una pizca de imaginación y, por supuesto, el poder de los abuelos."

Santa rió a carcajadas, aplaudiendo. "Tendré que recordarlo para el próximo año. Ahora, ¿qué tal si compartimos una buena taza de chocolate caliente antes de que salga a entregar estos regalos?"

La Abuela guiñó un ojo. "Solo si me dejas añadirle un toque especial—mi receta secreta."

Y así, la Navidad fue salvada, no por los ayudantes de siempre, sino por un grupo de abuelos extravagantes, excéntricos y absolutamente maravillosos, liderados por la única e inigualable Abuela.

Ese año, el trineo de Santa estaba un poco más lleno, los regalos eran un poco más creativos, y la Navidad fue un poco más caótica—pero también estuvo llena de risas, amor y la clase de magia que solo una abuela como ella podía traer.

¡Feliz Navidad!

The Naughty List Adventure

Max Montgomery was no stranger to trouble. In fact, he had been causing mischief for as long as he could remember. Whether it was rigging the school's water fountain to spray unsuspecting classmates or setting up elaborate traps for his babysitter (who still hadn't forgiven him for the bucket of slime incident), Max had earned himself a bit of a reputation.

This year, however, he had outdone himself. He had poured bubble bath into the town fountain, creating an explosion of foam that took three days to clean up. He had also "borrowed" the headteacher's toupee for the school's science project and launched it into space. Needless to say, Max wasn't expecting to be on Santa's nice list.

And when December rolled around, Max received the news he had been dreading.

One chilly evening, Max was sitting by the fireplace with his trusty dog, Baxter, watching the flames flicker when something unusual happened. There was a rustling noise in the chimney. Max glanced up just in time to see a piece of paper flutter down and land in the embers.

"Quick, Baxter!" Max yelled, leaping to his feet and pulling the paper out of the fire before it was completely scorched.

He stared at it for a moment, unsure what it was. Then his eyes widened. It wasn't just any piece of paper—it was Santa's

Naughty List! And there, at the very top of it, was his name in big, bold letters: MAX MONTGOMERY – NAUGHTY.

Max groaned. "I knew it," he muttered to Baxter, who wagged his tail sympathetically.

But then, a wicked grin spread across Max's face. He had always been a troublemaker, but this... this was too good to pass up. Max wasn't just going to sit back and let Santa deliver lumps of coal to all the naughty kids. Oh no, if Santa had dropped the list in his chimney, then it was clearly a sign.

It was time for a little adventure.

Max sprinted up to his room, grabbed a red pen, and sat down at his desk with the Naughty List spread out in front of him. He studied the names carefully. There were kids he knew from school—Lucy, the class tattletale; Freddie, who always cheated at dodgeball. And of course, there was his archnemesis, Derek, who had once switched Max's lunch with cat food.

Max chuckled to himself. "This is going to be fun."

Baxter, sensing mischief in the air, barked excitedly and jumped up on the desk, knocking over Max's jar of pens. Max gave him a pat on the head. "Don't worry, boy. We're going to fix Christmas."

With a flourish, Max crossed out "Naughty" next to his name and replaced it with "Nice" in big, red letters. He did the same for all his friends, who were definitely more naughty than nice. And then, for the grand finale, he added a few special requests next to each name.

For himself, Max wrote: Max Montgomery – Super Nice – Deserves a year's supply of chocolate and the latest video games.

For Lucy, he crossed out her punishment of coal and replaced it with: Nice – Gets a karaoke machine (because Max knew she would absolutely hate it).

Freddie, the dodgeball cheater, was now getting an inflatable sumo suit (Max couldn't wait to see him bounce around school in that).

And as for Derek, well... Max decided to have some fun with that one. He scratched out Derek's name from the Naughty List entirely and replaced it with: Extremely Naughty – Should be sent a box of moldy brussels sprouts and a pair of pink fluffy bunny slippers.

Max giggled so hard he nearly fell off his chair. Baxter joined in with a few happy barks.

Max sat back, admiring his work. The Naughty List was no longer a record of bad behavior—it was now a masterpiece of mischief. All he had to do was sneak it back to Santa before Christmas, and his plan would be complete.

That night, Max waited until everyone in the house was asleep. Then he slipped out of bed, grabbed the Naughty List, and tiptoed downstairs with Baxter at his side.

Outside, the snow was falling softly, blanketing the neighborhood in white. Max shivered as he bundled up in his coat and scarf, Baxter's little paws leaving tiny prints in the snow. Together, they made their way through the dark, quiet streets, headed toward the one place Max knew he could get Santa's attention—the town's tallest Christmas tree in the town square.

Max had read somewhere that Santa could see every Christmas tree in the world, and the bigger the tree, the more likely Santa would notice. So, with Baxter at his heels, Max climbed the tree's thick, icy branches, the Naughty List clutched tightly in his hand.

At the top, Max tied the list to the highest branch with a piece of string, the wind tugging at it as it fluttered like a flag. He grinned, knowing Santa would spot it in no time.

Mission accomplished.

Christmas morning arrived, and Max was up early. He rushed downstairs, skidding to a halt in front of the Christmas tree. His parents, sleepy-eyed, were following behind.

Max's heart was pounding as he tore open the first present. It was a box the size of a microwave. He ripped off the wrapping paper and gasped in shock. There, inside the box, was exactly what he had written on the Naughty List—a year's supply of chocolate and the latest video games!

Max could hardly believe it. "It worked!" he whispered to Baxter, who was already nosing through his new stash of dog treats.

But that wasn't all. As Max looked around, he noticed the presents under the tree seemed... well, a bit off.

His mum opened her gift—a pair of pink fluffy bunny slippers. "Oh... lovely," she said, her voice full of confusion.

His dad unwrapped a karaoke machine. "Uh... not exactly what I was hoping for, but okay!"

Max bit his lip, trying to stifle his laughter. It seemed that Santa hadn't just taken his changes to the Naughty List—he had taken them very literally.

Max raced outside to see what the other kids had gotten. Freddie was bouncing around the street in his inflatable sumo suit, looking utterly baffled. Lucy was angrily singing into her new karaoke machine, which only seemed to make her voice worse.

And best of all, Derek, the school bully, stood on his front porch in the most ridiculous outfit Max had ever seen—pink bunny slippers, a giant fluffy onesie, and a box of moldy brussels sprouts in his hand.

"I don't understand!" Derek cried. "How could Santa get it so wrong?"

Max grinned from ear to ear, barely containing his laughter. "Maybe he knows something you don't, Derek."

Later that evening, Max was feeling pretty pleased with himself. Christmas had turned out to be the funniest, most chaotic holiday he'd ever experienced. But as he was lounging in his room, munching on chocolate, there was a sudden knock at the window.

Max's heart skipped a beat as he turned to see a red-suited figure standing outside—Santa Claus himself, looking more than a little grumpy.

"Uh oh," Max whispered.

Santa stepped inside, his boots crunching on the snow that had blown in through the open window. He looked down at Max, then at Baxter, who was hiding under the bed.

"Max Montgomery," Santa said, his voice deep and serious. "I believe we need to have a chat about this." He held up the Naughty List, still tied with the piece of string from the Christmas tree.

Max gulped. He had been caught.

But to Max's surprise, Santa didn't look angry for long. Instead, his face softened, and a twinkle appeared in his eye. "I've been doing this job for centuries," Santa said, "and in all that time, I've never seen anyone as bold—and as creative—as you."

Max blinked. Was Santa complimenting him?

Santa smiled. "Mischief isn't always a bad thing, Max. But next time, maybe don't go rewriting the Naughty List without permission."

Max nodded quickly. "Got it, Santa. No more Naughty List rewrites."

Santa chuckled, giving Max a pat on the shoulder. "Merry Christmas, Max. And don't worry—everyone got exactly what they deserved this year."

As Santa disappeared into the night, Max felt a strange warmth in his chest. Maybe he had been a little too naughty this year. But he had to admit—it was the most fun Christmas he'd ever had.

And as for next year? Well, Max had plenty of time to come up with new ideas. But one thing was for sure: he'd always be ready for another adventure, Naughty List or not.

La Aventura de la Lista de los Traviesos

Max Montgomery no era ajeno a los problemas. De hecho, había estado causando travesuras desde que tenía memoria. Ya fuera manipulando la fuente de agua de la escuela para que rociara a sus compañeros desprevenidos o preparando trampas elaboradas para su niñera (que aún no lo perdonaba por el incidente del cubo de baba), Max se había ganado cierta reputación.

Sin embargo, este año se había superado a sí mismo. Había vertido jabón de burbujas en la fuente de la ciudad, creando una explosión de espuma que tardó tres días en limpiarse. También había "tomado prestado" el peluquín del director para el proyecto de ciencias de la escuela y lo había lanzado al espacio. No hace falta decir que Max no esperaba estar en la lista de buenos de Santa.

Y cuando llegó diciembre, Max recibió la noticia que tanto temía.

Una fría noche, Max estaba sentado junto a la chimenea con su fiel perro, Baxter, viendo las llamas bailar cuando algo inusual sucedió. Se escuchó un ruido en la chimenea. Max miró hacia arriba justo a tiempo para ver un pedazo de papel caer y aterrizar en las brasas.

"¡Rápido, Baxter!" gritó Max, saltando de su asiento y sacando el papel del fuego antes de que se quemara por completo.

Lo miró por un momento, sin estar seguro de qué era. Luego, sus ojos se abrieron de par en par. No era cualquier pedazo de papel: ¡era la Lista de los Traviesos de Santa! Y ahí, en la parte superior, estaba su nombre en letras grandes y negritas: MAX MONTGOMERY – TRAVIESO.

Max gruñó. "Lo sabía," murmuró a Baxter, quien movió la cola con simpatía.

Pero entonces, una sonrisa traviesa se dibujó en el rostro de Max. Siempre había sido un bromista, pero esto... esto era demasiado bueno para dejarlo pasar. Max no iba a quedarse de brazos cruzados y dejar que Santa repartiera carbón a todos los niños traviesos. Oh no, si Santa había dejado caer la lista en su chimenea, entonces claramente era una señal.

Era hora de una pequeña aventura.

Max corrió a su habitación, tomó un bolígrafo rojo y se sentó en su escritorio con la Lista de los Traviesos desplegada frente a él. Estudió los nombres con cuidado. Había niños que conocía de la escuela: Lucy, la chismosa de la clase; Freddie, que siempre hacía trampa en el juego de balón prisionero. Y, por supuesto, estaba su archienemigo, Derek, quien una vez había cambiado el almuerzo de Max por comida para gatos.

Max se rió para sí mismo. "Esto va a ser divertido."

Baxter, sintiendo la travesura en el aire, ladró emocionado y saltó sobre el escritorio, derribando el frasco de bolígrafos de Max.

Max le dio una palmadita en la cabeza. "No te preocupes, amigo. Vamos a arreglar la Navidad."

Con un gesto dramático, Max tachó "Travieso" junto a su nombre y lo reemplazó con "Bueno" en grandes letras rojas. Hizo lo mismo para todos sus amigos, que definitivamente eran más traviesos que buenos. Y luego, para el gran final, añadió algunos pedidos especiales junto a cada nombre.

Para él mismo, Max escribió: Max Montgomery – Súper Bueno – Merece un año de suministro de chocolate y los videojuegos más recientes.

Para Lucy, tachó su castigo de carbón y lo reemplazó con: Buena – Recibe una máquina de karaoke (porque Max sabía que a ella le iba a disgustar por completo).

Freddie, el tramposo del balón prisionero, ahora recibiría un traje de sumo inflable (Max no podía esperar a verlo rebotar por la escuela con eso).

Y en cuanto a Derek, bueno... Max decidió divertirse un poco con ese. Borró el nombre de Derek de la Lista de los Traviesos por completo y lo reemplazó con: Extremadamente Travieso – Debe recibir una caja de coles de Bruselas mohosas y un par de pantuflas rosadas de conejito esponjoso.

Max se rió tan fuerte que casi se cae de la silla. Baxter lo acompañó con unos cuantos ladridos felices.

Max se recostó, admirando su obra. La Lista de los Traviesos ya no era un registro de mal comportamiento; ahora era una obra maestra de travesuras. Todo lo que tenía que hacer era devolverla a Santa antes de Navidad, y su plan estaría completo.

Esa noche, Max esperó hasta que todos en la casa estuvieran dormidos. Luego se deslizó fuera de la cama, tomó la Lista de los Traviesos y bajó de puntillas con Baxter a su lado.

Afuera, la nieve caía suavemente, cubriendo el vecindario de blanco. Max se estremeció mientras se abrigaba con su abrigo y bufanda, dejando Baxter pequeñas huellas en la nieve con sus patitas. Juntos, recorrieron las calles oscuras y silenciosas, dirigiéndose hacia el único lugar donde Max sabía que podría llamar la atención de Santa: el árbol de Navidad más alto de la plaza del pueblo.

Max había leído en algún lugar que Santa podía ver todos los árboles de Navidad del mundo, y cuanto más grande el árbol, más probable era que Santa lo notara. Así que, con Baxter siguiéndolo, Max trepó las gruesas y heladas ramas del árbol, sujetando la Lista de los Traviesos con fuerza en su mano.

En la cima, Max ató la lista a la rama más alta con un trozo de cuerda, y el viento la hacía ondear como una bandera. Sonrió, sabiendo que Santa la vería en poco tiempo.

Misión cumplida.

Llegó la mañana de Navidad, y Max se levantó temprano. Bajó corriendo las escaleras, deteniéndose de golpe frente al árbol de Navidad. Sus padres, todavía somnolientos, lo seguían.

El corazón de Max latía con fuerza mientras abría el primer regalo. Era una caja del tamaño de un microondas. Arrancó el papel de regalo y se quedó boquiabierto. Allí, dentro de la caja, estaba exactamente lo que había escrito en la Lista de los Traviesos: ¡un año de suministro de chocolate y los videojuegos más recientes!

Max apenas podía creerlo. "¡Funcionó!" susurró a Baxter, que ya estaba husmeando entre su nueva provisión de golosinas para perros.

Pero eso no era todo. Mientras Max miraba alrededor, notó que los regalos bajo el árbol parecían... bueno, un poco extraños.

Su madre abrió su regalo: un par de zapatillas de conejo rosadas y peludas. "Oh... encantador," dijo, con voz llena de confusión.

Su padre desenvolvió una máquina de karaoke. "Eh... no era exactamente lo que esperaba, ¡pero está bien!"

Max mordió su labio, tratando de contener la risa. Parecía que Santa no solo había aceptado los cambios en la Lista de los Traviesos, ¡los había tomado al pie de la letra!

Max salió corriendo afuera para ver lo que los otros niños habían recibido. Freddie saltaba por la calle en su traje de sumo inflable, luciendo totalmente desconcertado. Lucy cantaba enfadada en su nueva máquina de karaoke, lo que solo parecía empeorar su voz.

Y lo mejor de todo, Derek, el abusón de la escuela, estaba en su porche con el atuendo más ridículo que Max había visto: unas zapatillas de conejo rosadas, un enorme traje peludo y una caja de coles de Bruselas podridas en la mano.

"¡No lo entiendo!" gritaba Derek. "¿Cómo pudo Santa equivocarse tanto?"

Max sonrió de oreja a oreja, apenas conteniendo la risa. "Quizás sabe algo que tú no, Derek."

Esa noche, Max se sentía bastante satisfecho consigo mismo. La Navidad había resultado ser la festividad más divertida y caótica que jamás había experimentado. Pero mientras se relajaba en su habitación, comiendo chocolate, de repente escuchó un golpe en la ventana.

El corazón de Max dio un salto cuando se giró y vio a una figura vestida de rojo afuera: Santa Claus en persona, luciendo más que un poco gruñón.

"Uh oh," susurró Max.

Santa dio un paso adentro, sus botas crujiendo sobre la nieve que había entrado por la ventana abierta. Miró a Max y luego a Baxter, quien se escondía debajo de la cama.

"Max Montgomery," dijo Santa con voz profunda y seria. "Creo que necesitamos tener una charla sobre esto." Levantó la Lista de los Traviesos, todavía atada con el pedazo de cuerda del árbol de Navidad.

Max tragó saliva. Lo habían atrapado.

Pero para sorpresa de Max, la expresión de Santa no se mantuvo enojada por mucho tiempo. En cambio, su rostro se suavizó, y un brillo apareció en sus ojos. "He estado haciendo este trabajo por siglos," dijo Santa, "y en todo ese tiempo, nunca he visto a alguien tan audaz—y tan creativo—como tú."

Max parpadeó. ¿Santa lo estaba felicitando?

Santa sonrió. "La travesura no siempre es algo malo, Max. Pero la próxima vez, quizás no reescribas la Lista de los Traviesos sin permiso."

Max asintió rápidamente. "Entendido, Santa. No más reescrituras de la Lista de los Traviesos."

Santa se rió, dándole a Max una palmadita en el hombro. "Feliz Navidad, Max. Y no te preocupes—todos recibieron exactamente lo que merecían este año."

Mientras Santa desaparecía en la noche, Max sintió un extraño calor en el pecho. Tal vez había sido un poco demasiado travieso este año. Pero tenía que admitirlo—había sido la Navidad más divertida que jamás había tenido.

¿Y el próximo año? Bueno, Max tenía mucho tiempo para pensar en nuevas ideas. Pero una cosa era segura: siempre estaría listo para otra aventura, con Lista de los Traviesos o sin ella.

The Christmas Tree That Couldn't Stop Growing

In a small, quiet forest not far from a bustling little town, there stood a young Christmas tree named Spruce. Spruce wasn't just any tree—he was special. From the day he sprouted, he had one dream: to be the most beautiful Christmas tree in the town square, decorated with twinkling lights, shiny baubles, and the biggest star on top.

Every winter, Spruce watched as people from the town came to the forest, picking out trees to take home. He'd wave his branches eagerly, hoping they'd choose him. But every year, the townsfolk would pass him by, saying, "Not this one, he's a little too small."

"Don't worry, Spruce," his forest friends would say. "Your time will come."

But Spruce was impatient. He wanted to grow faster, taller, bigger than all the other trees. And so, one winter's night, he made a wish under the stars. "I wish to grow big and tall, so I can be the most beautiful Christmas tree in the whole town!"

The stars twinkled as if they were listening, and sure enough, something magical began to happen.

The next morning, Spruce woke up feeling different. He stretched his branches and felt the ground move beneath him.

He looked down and gasped—he had grown! Not just a little bit, but a lot!

His roots had spread wider, his trunk was thicker, and his branches reached higher into the sky. Spruce could see above all the other trees in the forest now. He felt proud. "This is it," he thought, "I'm going to be the perfect Christmas tree!"

But as the days went by, Spruce didn't stop growing. He grew taller and taller, his branches stretching out like arms reaching for the clouds. Soon, he was twice as tall as the other trees. Then three times as tall!

"What's happening to me?" Spruce wondered. He wanted to be big, but now he was starting to feel... too big.

The animals of the forest gathered around him, staring up in amazement.

"You're enormous, Spruce!" said Squirrel, scampering up his trunk.

"You'll block out the sun if you keep growing like this," teased Fox.

Spruce drooped his branches. He didn't want to block the sun. All he wanted was to be chosen for the town's Christmas celebration. But now, he was so tall and wide that no one would ever be able to take him to the square.

As winter deepened, the townspeople arrived in the forest to pick out their Christmas tree for the town square festival. Spruce watched hopefully, but as they saw him towering above all the other trees, they shook their heads.

"He's far too big," said the mayor. "We'll never be able to move him."

Spruce's heart sank. He had grown so much that now he couldn't be part of the celebration at all.

But just as the townspeople were about to leave, a little girl named Clara tugged on the mayor's coat. "Why don't we have the festival here in the forest?" she asked, pointing up at Spruce. "He's already the most beautiful tree I've ever seen!"

The mayor rubbed his chin. "Well, that's an interesting idea," he said. "We've never had a Christmas tree in the forest before."

The other townspeople murmured excitedly, and soon the whole town was buzzing with Clara's idea. What if, instead of bringing a tree to the town square, they brought the festival to Spruce?

The next day, Spruce watched in awe as the townspeople bustled around the forest. They strung lights from his branches, wrapped him in garlands, and hung the shiniest ornaments they could find. The children worked together to make a giant star to place at the top, while the animals of the forest helped with the decorations, scurrying up and down his trunk with ribbons and tinsel.

Spruce felt a warmth in his branches that had nothing to do with the lights. He had always dreamed of being in the town square, but now, right here in his forest, he was becoming the centerpiece of a celebration even grander than he had imagined.

As night fell on Christmas Eve, the townspeople gathered in the forest. The stars twinkled brightly above, and the lights on Spruce shimmered like a galaxy of their own. Children laughed and sang carols around the base of the tree, while families warmed themselves by a bonfire nearby. It was a magical scene, and Spruce couldn't have been happier.

Clara, the little girl who had come up with the idea, stood beneath him and smiled. "You see, Spruce? You didn't need to be in the town square. You're perfect just the way you are, right here."

Spruce felt his branches tingle with joy. He had spent so long wishing to be somewhere else, when everything he had ever wanted was right here in the forest, surrounded by his friends, both old and new.

The mayor stood at the base of the tree and cleared his throat. "This year," he said, "we have something very special to celebrate. Spruce, the tree who never stopped growing, has shown us that Christmas is not about where we celebrate, but how we celebrate. It's about friendship, community, and finding joy wherever you are."

Spruce's heart swelled with pride. He was part of something much bigger than a tree in a town square. He was the heart of the celebration, bringing everyone together in the most magical way.

From that Christmas on, the people of the town returned to the forest every year to decorate Spruce and celebrate the holiday among the trees. And each year, Spruce grew a little taller, but now, he wasn't worried about being too big.

He had found his place, not just as a tree, but as a symbol of Christmas magic and the power of community. And as he stood tall, his branches spread wide with joy, he knew he had become the most beautiful Christmas tree of all.

El Árbol de Navidad que No Podía Dejar de Crecer

En un pequeño y tranquilo bosque no muy lejos de un bullicioso pueblito, se erguía un joven árbol de Navidad llamado Pícea. Pícea no era un árbol cualquiera; era especial. Desde el día en que brotó, tenía un sueño: ser el árbol de Navidad más hermoso de la plaza del pueblo, decorado con luces centelleantes, brillantes esferas y la estrella más grande en la cima.

Cada invierno, Pícea observaba cómo la gente del pueblo venía al bosque a elegir árboles para llevar a casa. Agitaba sus ramas con entusiasmo, esperando que lo eligieran. Pero cada año, los aldeanos lo pasaban de largo, diciendo: "No, este no, es un poco pequeño."

"No te preocupes, Pícea," le decían sus amigos del bosque. "Tu momento llegará."

Pero Pícea era impaciente. Quería crecer más rápido, más alto, más grande que todos los demás árboles. Así que, una noche de invierno, hizo un deseo bajo las estrellas. "¡Deseo crecer grande y alto, para poder ser el árbol de Navidad más hermoso de todo el pueblo!"

Las estrellas centelleaban como si estuvieran escuchando, y, efectivamente, algo mágico comenzó a suceder.

A la mañana siguiente, Pícea despertó sintiéndose diferente. Estiró sus ramas y sintió el suelo moverse bajo él. Miró hacia abajo y se quedó boquiabierto: ¡había crecido! No solo un poco, ¡sino mucho!

Sus raíces se habían expandido, su tronco era más grueso y sus ramas alcanzaban más alto en el cielo. Pícea podía ver por encima de todos los demás árboles en el bosque ahora. Se sentía orgulloso. "Esto es," pensó, "¡voy a ser el árbol de Navidad perfecto!"

Pero a medida que pasaban los días, Pícea no dejaba de crecer. Crecía más y más, sus ramas extendiéndose como brazos que alcanzaban las nubes. Pronto, era el doble de alto que los otros árboles. ¡Luego tres veces más alto!

"¿Qué me está pasando?" se preguntó Pícea. Quería ser grande, pero ahora comenzaba a sentirse... demasiado grande.

Los animales del bosque se reunieron a su alrededor, mirándolo con asombro.

"¡Eres enorme, Pícea!" dijo Ardilla, subiendo por su tronco.

"Vas a bloquear el sol si sigues creciendo así," se burló Zorro.

Pícea dejó caer sus ramas. No quería bloquear el sol. Todo lo que quería era ser elegido para la celebración navideña del pueblo. Pero ahora, era tan alto y ancho que nadie podría llevarlo a la plaza.

A medida que el invierno se profundizaba, los habitantes del pueblo llegaron al bosque para elegir su árbol de Navidad para el festival de la plaza. Pícea observó con esperanza, pero cuando lo vieron sobresaliendo por encima de todos los demás árboles, sacudieron la cabeza.

"Es demasiado grande," dijo el alcalde. "Nunca podremos moverlo."

El corazón de Pícea se hundió. Había crecido tanto que ahora no podía ser parte de la celebración en absoluto.

Pero justo cuando los aldeanos estaban a punto de irse, una niña llamada Clara tiró del abrigo del alcalde. "¿Por qué no tenemos el festival aquí en el bosque?" preguntó, señalando hacia Pícea. "¡Él ya es el árbol más hermoso que he visto!"

El alcalde se acarició la barbilla. "Bueno, esa es una idea interesante," dijo. "Nunca hemos tenido un árbol de Navidad en el bosque antes."

Los demás aldeanos murmullaron emocionados, y pronto todo el pueblo estaba entusiasmado con la idea de Clara. ¿Y si, en lugar de llevar un árbol a la plaza del pueblo, llevaban el festival a Pícea?

Al día siguiente, Pícea observó asombrado cómo los aldeanos se movían por el bosque. Colgaban luces de sus ramas, lo envolvían con guirnaldas y colgaban los adornos más brillantes que podían encontrar. Los niños trabajaron juntos para hacer una estrella gigante que colocarían en la cima, mientras los animales del bosque ayudaban con las decoraciones, subiendo y bajando por su tronco con cintas y espumillón.

Pícea sintió un calor en sus ramas que no tenía nada que ver con las luces. Siempre había soñado con estar en la plaza del pueblo, pero ahora, aquí mismo en su bosque, se estaba convirtiendo en el centro de una celebración aún más grandiosa de lo que había imaginado.

Cuando cayó la noche en Nochebuena, los habitantes del pueblo se reunieron en el bosque. Las estrellas brillaban intensamente arriba, y las luces en Pícea centelleaban como una galaxia propia. Los niños reían y cantaban villancicos alrededor de la base del árbol, mientras las familias se calentaban junto a una fogata cercana. Era una escena mágica, y Pícea no podría haber estado más feliz.

Clara, la pequeña que había tenido la idea, se paró debajo de él y sonrió. "¿Ves, Pícea? No necesitabas estar en la plaza del pueblo. Eres perfecto tal como eres, aquí mismo."

Pícea sintió que sus ramas vibraban de alegría. Había pasado tanto tiempo deseando estar en otro lugar, cuando todo lo que siempre había querido estaba justo aquí en el bosque, rodeado de sus amigos, tanto viejos como nuevos.

El alcalde se puso de pie en la base del árbol y aclaró su garganta. "Este año," dijo, "tenemos algo muy especial que celebrar. Pícea, el árbol que nunca dejó de crecer, nos ha mostrado que la Navidad no se trata de dónde celebramos, sino de cómo celebramos. Se trata de la amistad, la comunidad y de encontrar alegría donde sea que estés."

El corazón de Pícea se llenó de orgullo. Era parte de algo mucho más grande que un árbol en una plaza del pueblo. Era el corazón de la celebración, reuniendo a todos de la manera más mágica.

Desde esa Navidad en adelante, los habitantes del pueblo regresaron al bosque cada año para decorar a Pícea y celebrar las festividades entre los árboles. Y cada año, Pícea crecía un poco más alto, pero ahora, no se preocupaba por ser demasiado grande.

Había encontrado su lugar, no solo como un árbol, sino como un símbolo de la magia navideña y el poder de la comunidad. Y mientras se erguía alto, con sus ramas extendidas de alegría, sabía que se había convertido en el árbol de Navidad más hermoso de todos.

The Reindeer Who Lost His Antlers

On the coldest night of the year, just as the North Pole was buzzing with excitement for Christmas Eve, something utterly dreadful happened. Rudy, the most mischievous reindeer in Santa's stable, woke up with a start, scratched his head... and gasped in horror.

His antlers were gone!

Rudy blinked. He rubbed his eyes. Surely, they were still there, right? But no matter how much he squinted or wiggled his ears, his antlers had vanished.

"Oh, crumbs!" Rudy whispered to himself. "How can a reindeer lose his antlers on Christmas Eve?!"

He scampered to the mirror in the stable, hoping it was all a dream. But as soon as he saw his reflection—just a head, big ears, and nothing but a smooth patch where his magnificent antlers once stood—Rudy's heart sank.

"I'm doomed!" he cried. "No antlers, no flying with Santa tonight! I'll be stuck here, watching the others soar across the sky, while I'm just... a reindeer with no antlers!"

As Rudy paced back and forth, his hooves clattering on the icy floor, he knew he had to do something, and fast. If Santa found out, Rudy would miss out on the most important night of the year!

Just as Rudy was about to lose all hope, a tiny voice piped up from behind him.

"Psst! Need some help?"

Rudy whipped around to see a small figure standing in the shadow of the stable door. It was an elf, but not just any elf. It was Ella, the cleverest elf in the North Pole. She wore oversized glasses that always seemed on the verge of sliding off her nose, and her red hair stuck out in all directions, as though she'd just stuck her finger in a socket.

"What happened to your antlers, Rudy?" Ella asked, peering closely at his smooth head. "You didn't misplace them, did you?"

"Misplace them? I can't even take them off! I just woke up, and poof—gone!" Rudy explained, his voice wobbling.

Ella squinted at him thoughtfully. "Sounds like mischief to me. Some kind of holiday magic. But don't worry, I'm good at solving problems. Let's find your antlers before Santa notices!"

Rudy's heart lifted a little. "You think we can find them? Where do we start?"

Ella grinned, her eyes twinkling. "Oh, we'll need to go on an adventure! Come on, no time to waste. Your antlers could be anywhere."

And so, without another word, Ella hopped onto Rudy's back, and off they went, galloping through the snowy hills of the North Pole, determined to find Rudy's missing antlers before it was too late.

Their first stop was the Tinkershop, where all the magical gadgets and gizmos for Santa's sleigh were made. The shop was filled with the hum of machines and the clatter of tiny tools.

Rudy and Ella burst through the doors and skidded to a stop in front of Trixie, the tinkerer elf.

"Trixie!" Ella called. "Have you seen Rudy's antlers? They've gone missing!"

Trixie adjusted her magnifying goggles and examined Rudy's head closely. "No antlers, huh? That's a pickle. Have you checked with the Yule Sprites? They're notorious for playing tricks this time of year."

"Where can we find them?" Rudy asked anxiously.

"Head over to the Twinklewood," Trixie replied, pointing to a forest just beyond the North Pole. "But be careful—they love riddles, and they'll only help if you solve them."

Rudy and Ella raced toward Twinklewood, the air growing colder as they reached the shimmering trees. The Yule Sprites—tiny, glowing creatures—floated between the branches, giggling as they darted in and out of sight.

"Sprites!" Ella called. "We're here to solve your riddles!"

The sprites gathered, their light flickering like stars. One of them, the leader with wings made of frost, floated forward and said, "If you solve our riddle, we'll tell you what happened to Rudy's antlers."

"Deal," said Ella confidently. "Let's hear it."

The sprite grinned mischievously and recited:

"I am tall when I am young,

But short when I am old.

I brighten up the darkest night,

What am I, if truth be told?"

Rudy blinked, his brain feeling fuzzy. "I've no idea…" he muttered.

But Ella, as quick as ever, snapped her fingers. "A candle! A candle is tall when it's new, and short when it's burned down!"

The sprites twirled and danced in delight. "Correct! Your antlers were stolen by the Ice Trolls. They live in the Frozen Caves on the farthest edge of the North Pole."

Rudy shivered. The Frozen Caves were known for their icy winds and tricky pathways, but if that's where his antlers were, they had no choice.

The journey to the Frozen Caves was long and cold. The wind howled, and snowflakes swirled around them, making it hard to see. But Rudy kept his head down, determined to get his antlers back. Ella held on tight, her sharp mind ticking away, trying to figure out why the trolls would even want reindeer antlers in the first place.

Finally, they reached the mouth of the cave. Inside, the air was thick with frost, and every sound echoed off the icy walls. In the deepest part of the cave, they found the Ice Trolls—a trio of short, chubby creatures with icicles dangling from their beards.

The biggest troll, who was wearing Rudy's antlers like a crown, stomped forward. "What do you want?" he growled.

"Those are my antlers!" Rudy said, pointing a hoof at his head.

The troll chuckled, his breath turning to mist. "Finders keepers! You lost 'em, so now they're mine."

Ella stepped forward. "How about we make a deal? If we beat you in a challenge, you give the antlers back. If we lose... you can keep them."

The troll squinted at her. "A challenge, eh? What kind of challenge?"

"Anything you choose," Ella said, standing tall. Rudy gulped beside her.

The troll thought for a moment and then grinned wickedly. "A snowball fight. First to knock the other over wins."

Rudy gasped. Trolls were known for their strength. How could he and Ella win a snowball fight against them?

But Ella wasn't worried. "We accept," she said, a sly smile creeping onto her face.

The snowball fight began. The trolls were fast, launching massive snowballs that could knock down a pine tree. Rudy and Ella dodged and weaved, but it was clear they wouldn't last long.

Suddenly, Ella whispered, "Rudy, you have to distract them. I have a plan."

Rudy gulped but nodded. He ran in circles, making silly faces and kicking up snow. The trolls, laughing so hard at his antics, didn't notice Ella sneaking up behind them with the biggest snowball she could muster. With all her might, she threw it—right at the biggest troll.

Thwack! The snowball hit him square in the back, and with a roar, he toppled over like a snow-covered boulder.

The cave erupted in cheers. The trolls, impressed by their cleverness, handed Rudy's antlers back with a grunt.

By the time Rudy and Ella returned to the North Pole, Santa was preparing his sleigh. Rudy slid his antlers back on just as Santa came around the corner.

"Rudy! There you are!" Santa said with a jolly laugh. "We were looking for you. Ready for the midnight ride?"

Rudy beamed. "Ready as ever, Santa!"

And as they soared into the night sky, Rudy looked over at Ella, who winked back. Together, they had faced riddles, trolls, and a magical adventure, and Rudy had learned something important: with friends by your side, even the most impossible problems could be solved.

And from that day on, Rudy never lost his antlers again.

El Reno Que Perdió Sus Astas

En la noche más fría del año, justo cuando el Polo Norte zumbaba de emoción por la Nochebuena, sucedió algo absolutamente terrible. Rudy, el reno más travieso del establo de Santa, se despertó de un sobresalto, se rascó la cabeza... y exclamó horrorizado.

¡Sus astas habían desaparecido!

Rudy parpadeó. Se frotó los ojos. Seguramente, aún estaban ahí, ¿verdad? Pero no importaba cuánto entrecerrara los ojos o moviera las orejas, sus astas se habían esfumado.

"¡Oh, caramba!" susurró Rudy para sí mismo. "¿Cómo puede un reno perder sus astas en Nochebuena?!"

Corrió hacia el espejo del establo, esperando que todo fuera un sueño. Pero tan pronto como vio su reflejo—solo una cabeza, grandes orejas, y nada más que una superficie lisa donde una vez habían estado sus magníficas astas—el corazón de Rudy se hundió.

"¡Estoy perdido!" gritó. "¡Sin astas, no volaré con Santa esta noche! ¡Me quedaré aquí, mirando a los demás surcar el cielo, mientras yo soy solo... un reno sin astas!"

Mientras Rudy caminaba de un lado a otro, con sus pezuñas resonando en el frío suelo, sabía que tenía que hacer algo, y rápido. ¡Si Santa se enteraba, Rudy se perdería la noche más importante del año!

Justo cuando Rudy estaba a punto de perder toda esperanza, una vocecita pequeña salió de detrás de él.

"¡Psst! ¿Necesitas ayuda?"

Rudy se dio la vuelta rápidamente y vio una pequeña figura de pie en la sombra de la puerta del establo. Era un elfo, pero no cualquier elfo. Era Ella, el elfo más inteligente del Polo Norte. Usaba unas gafas enormes que siempre parecían a punto de resbalarse de su nariz, y su cabello rojo se alzaba en todas direcciones, como si acabara de meter un dedo en un enchufe.

"¿Qué pasó con tus astas, Rudy?" preguntó Ella, asomándose de cerca a su cabeza lisa. "¿No las has extraviado, verdad?"

"¿Extraviado? ¡No puedo ni siquiera quitármelas! ¡Acabo de despertarme, y puff—desaparecieron!" explicó Rudy, con la voz temblorosa.

Ella lo miró pensativa. "Me suena a travesura. Algún tipo de magia navideña. Pero no te preocupes, soy buena resolviendo problemas. ¡Vamos a encontrar tus astas antes de que Santa se dé cuenta!"

El corazón de Rudy se animó un poco. "¿Crees que podemos encontrarlas? ¿Por dónde empezamos?"

Ella sonrió, con los ojos brillando. "¡Oh, tendremos que ir en una aventura! Vamos, no hay tiempo que perder. Tus astas podrían estar en cualquier parte."

Y así, sin decir una palabra más, Ella saltó sobre la espalda de Rudy, y se fueron galopando por las colinas nevadas del Polo Norte, decididos a encontrar las astas perdidas de Rudy antes de que fuera demasiado tarde.

Su primera parada fue la Tinkershop, donde se fabricaban todos los gadgets y artilugios mágicos para el trineo de Santa. La tienda estaba llena del zumbido de las máquinas y el tintineo de herramientas diminutas.

Rudy y Ella irrumpieron por las puertas y patinaron hasta detenerse frente a Trixie, la elfa reparadora.

"¡Trixie!" llamó Ella. "¿Has visto las astas de Rudy? ¡Han desaparecido!"

Trixie se ajustó sus gafas de aumento y examinó de cerca la cabeza de Rudy. "¿Sin astas, eh? Eso es un problema. ¿Has consultado a los Espíritus de Yule? Son notorios por hacer travesuras en esta época del año."

"¿Dónde podemos encontrarlos?" preguntó Rudy ansiosamente.

"Dirígete al Bosque Brillante," respondió Trixie, señalando un bosque más allá del Polo Norte. "Pero ten cuidado—les encantan los acertijos, y solo ayudarán si los resuelves."

Rudy y Ella corrieron hacia el Bosque Brillante, el aire volviéndose más frío a medida que llegaban a los árboles brillantes. Los Espíritus de Yule—pequeñas criaturas resplandecientes—flotaban entre las ramas, riendo mientras entraban y salían de la vista.

"¡Espíritus!" llamó Ella. "¡Estamos aquí para resolver sus acertijos!"

Los espíritus se agruparon, su luz parpadeando como estrellas. Uno de ellos, el líder con alas de escarcha, flotó hacia adelante y dijo: "Si resuelven nuestro acertijo, les diremos qué pasó con las astas de Rudy."

"¡Trato hecho!" dijo Ella con confianza. "Vamos a escuchar."

El espíritu sonrió traviesamente y recitó:

"Soy alto cuando soy joven,

Pero bajo cuando soy viejo.

Ilumino la noche más oscura,

¿Qué soy, si la verdad se dice?"

Rudy parpadeó, sintiendo que su cerebro estaba confuso. "No tengo idea..." murmuró.

Pero Ella, tan rápida como siempre, chasqueó los dedos. "¡Una vela! ¡Una vela es alta cuando es nueva y baja cuando se ha quemado!"

Los espíritus giraron y danzaron de alegría. "¡Correcto! Tus astas fueron robadas por los Trolls de Hielo. Viven en las Cavernas Heladas en el extremo más lejano del Polo Norte."

Rudy tembló. Las Cavernas Heladas eran conocidas por sus vientos helados y caminos engañosos, pero si allí es donde estaban sus astas, no tenían opción.

El viaje a las Cavernas Heladas fue largo y frío. El viento aullaba, y los copos de nieve giraban a su alrededor, dificultando la visibilidad. Pero Rudy mantuvo la cabeza baja, decidido a recuperar sus astas. Ella se aferró con fuerza, su mente aguda funcionando, tratando de averiguar por qué los trolls querrían astas de reno en primer lugar.

Finalmente, llegaron a la entrada de la cueva. Dentro, el aire estaba espeso con escarcha, y cada sonido resonaba contra las paredes heladas. En la parte más profunda de la cueva, encontraron a los Trolls de Hielo—un trío de criaturas cortas y regordetas con carámbanos colgando de sus barbas.

El troll más grande, que llevaba las astas de Rudy como una corona, avanzó dando un pisotón. "¿Qué quieren?" gruñó.

"¡Esas son mis astas!" dijo Rudy, señalando con una pezuña su cabeza.

El troll se rió, su aliento convirtiéndose en vapor. "¡El que encuentra, se queda! Las perdiste, así que ahora son mías."

Ella dio un paso adelante. "¿Qué te parece si hacemos un trato? Si te ganamos en un desafío, nos devuelves las astas. Si perdemos... puedes quedártelas."

El troll la miró entrecerrando los ojos. "¿Un desafío, eh? ¿Qué tipo de desafío?"

"Lo que tú elijas," dijo Ella, erguida. Rudy tragó saliva a su lado.

El troll pensó por un momento y luego sonrió maliciosamente. "Una pelea de bolas de nieve. El primero que derribe al otro, gana."

Rudy se quedó boquiabierto. Los trolls eran conocidos por su fuerza. ¿Cómo podrían él y Ella ganar una pelea de bolas de nieve contra ellos?

Pero Ella no estaba preocupada. "Aceptamos," dijo, con una sonrisa astuta en su rostro.

La pelea de bolas de nieve comenzó. Los trolls eran rápidos, lanzando enormes bolas de nieve que podrían derribar un pino. Rudy y Ella esquivaban y se movían, pero era evidente que no durarían mucho.

De repente, Ella susurró: "Rudy, tienes que distraerlos. Tengo un plan."

Rudy tragó saliva pero asintió. Corrió en círculos, haciendo caras graciosas y levantando nieve. Los trolls, riendo a carcajadas por sus payasadas, no notaron que Ella se acercaba sigilosamente por detrás con la bola de nieve más grande que pudo reunir. Con todas sus fuerzas, la lanzó—directo hacia el troll más grande.

¡Zas! La bola de nieve lo golpeó en la espalda, y con un rugido, se cayó como un boulder cubierto de nieve.

La cueva estalló en vítores. Los trolls, impresionados por su astucia, le devolvieron las astas a Rudy con un gruñido.

Para cuando Rudy y Ella regresaron al Polo Norte, Santa estaba preparando su trineo. Rudy se colocó las astas justo cuando Santa apareció por la esquina.

"¡Rudy! ¡Ahí estás!" dijo Santa con una risa jovial. "Te estábamos buscando. ¿Listo para el paseo de medianoche?"

Rudy sonrió. "¡Listo como siempre, Santa!"

Y mientras surcaban el cielo nocturno, Rudy miró a Ella, quien le guiñó un ojo. Juntos, habían enfrentado acertijos, trolls y una aventura mágica, y Rudy había aprendido algo importante: con amigos a tu lado, incluso los problemas más imposibles pueden resolverse.

Y desde ese día, Rudy nunca volvió a perder sus astas.